MUST READ

BOEKANALYSE

Het schuim der dagen

Boris Vian

BOEKANALYSE

Geschreven door Catherine Bourguignon
Vertaald door Nikki Claes

Het schuim der dagen

BORIS VIAN

MUST READ

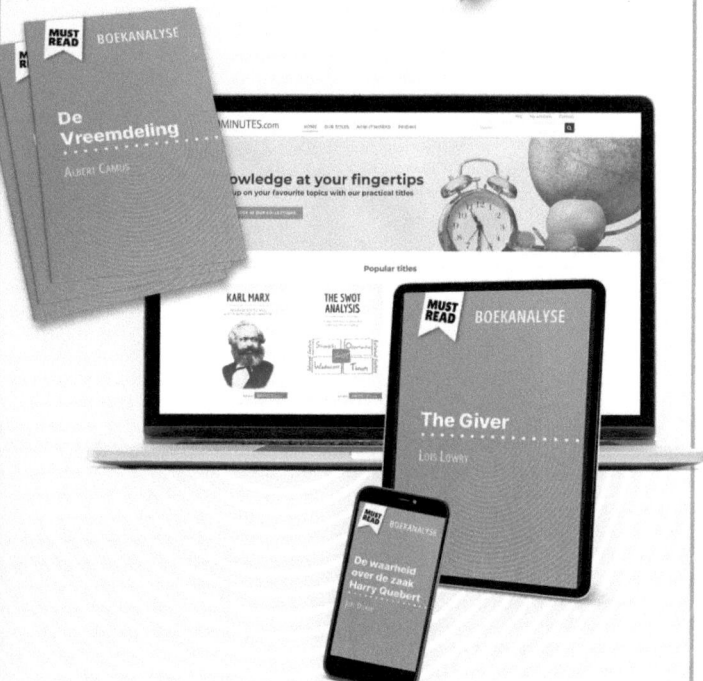

BORIS VIAN

FRANSE SCHRIJVER

- **Geboren in Ville-d'Avray in 1920**
- **Overleden in Parijs in 1959**
- **Opmerkelijke werken:**
    - *I Spit on Your Graves* (1946), roman...
    - *Het schuim der dagen* (1947), roman
    - *Heartsnatcher* (1953), roman

De Franse schrijver Boris Vian (1920-1959) heeft een erfenis nagelaten van zeer uiteenlopende werken: romans, gedichten, liederen, muzikale komedies, theaterbewerkingen van zijn romans, scenario's en opera's. Hij was ook jazzmuzikant.

Zijn eerste beroemde roman, *I Spit on Your Graves* (gepubliceerd in 1946 onder het pseudoniem Vernon Sullivan) was een echte bestseller voordat hij in 1947 werd verboden en veroordeeld wegens schending van de goede zeden. In hetzelfde jaar publiceerde hij *Froth on the Daydream* en *Autumn in Peking*. *Heartsnatcher* verscheen later in 1953.

Boris Vian stierf op 39-jarige leeftijd. Zijn voorliefde voor provocatie leidde tot verder succes van zijn werken in de jaren zestig en zeventig (mei '68). Zijn altijd moderne teksten zijn tijdloos. Bovenal heeft zijn verbale creativiteit een aanzienlijke invloed gehad op de Franse literatuur.

HET SCHUIM DER DAGEN

EEN TRAGISCH LIEFDESVERHAAL

- **Genre:** Novel
- **Referentie-uitgave:** Vian, B. (1963) *L'Écume des jours.* Parijs: Union Générale des Éditeurs.
- **Eerste editie:** 1947
- **Thema's:** liefde, jazz, surrealisme, existentialisme, geluk, dood

Het schuim der dagen, gepubliceerd in 1947, is de bekendste roman van Boris Vian, ook al bleef hij bij publicatie vrijwel onopgemerkt. Het vertelt een liefdesverhaal met een tragisch einde. Het verhaal speelt zich af in een wereld met surrealistische wetten en Vian speelt met taal om deze omgeving op te bouwen: elke pagina, en bijna elke regel, presenteert de lezer met woordspelingen en verzonnen woorden.

Deze roman, geschreven in de nasleep van de Tweede Wereldoorlog, maakt deel uit van de vernieuwing van het romantiekgenre die deze periode kenmerkt, waarbij de nadruk meer ligt op het schrijven dan op het beschrijven van de werkelijkheid.

SAMENVATTING

DE VERGADERING

Een jonge lijfrentetrekker, Colin, krijgt van zijn vriend Chick in zijn appartement en stelt hem voor aan Nicolas, zijn nieuwe kok. Colin toont hem zijn nieuwe uitvinding, de 'pianocktail', die cocktails maakt volgens de gespeelde melodieën. Chick vertelt Colin zijn ontmoeting met Alise tijdens een lezing van Jean-Sol Partre: zij blijkt het nichtje van Nicolas te zijn. Net als Chick wil Colin niets liever dan verliefd worden.

Wanneer Chick, Alise en Colin op de schaatsbaan zijn, leiden twee ongelukken tot de dood van verschillende mensen, maar dit is niets bijzonders. Colin ontmoet zijn vriendin Isis, die hem uitnodigt voor een feestje dat ze geeft voor de verjaardag van haar poedel, die de week daarop zal plaatsvinden. Op het feest, waarvoor Nicolas hem leert dansen, ontmoet Colin Chloé.

Wanneer Chick bij Colin thuis dineert, onthult Colin dat hij Chloé graag weer wil zien: Chick praat ondertussen weer over zijn passie voor Jean-Sol Partre. Wanneer Nicolas de taart brengt, worden hun wensen vervuld: Colin ontdekt daarin een afspraakje met Chloé en Chick vindt een boek Partre. Tijdens hun afspraakje kussen Colin en Chloé elkaar.

Terwijl Chloé naar Zuid-Frankrijk vertrekt, nodigt Colin Chick en Alise uit bij hem thuis, waar hij zijn aanstaande huwelijk met de jonge vrouw aankondigt en zijn vriend een kwart van zijn rijkdom aanbiedt, zodat hij met Alise kan trouwen terwijl hij de werken van Jean-Sol Partre blijft verzamelen.

De kerk is versierd voor de bruiloft en alles staat op zijn plaats: de "homomaids of honor", de "religious", de "beadle-big" en de "swish", Chloé, Alise, Isis en, tenslotte, Colin en Chick. De religieuze ceremonie vindt plaats. Het is een grootse aangelegenheid en de pasgetrouwden zijn dolgelukkig, maar bij het weggaan hoest Chloé, een teken van haar aanstaande ziekte. Zij en Colin vertrekken onmiddellijk voor hun huwelijksreis en onderweg kruisen ze het pad van arbeiders van een kopermijn. Dit trekt hun aandacht: Colin denkt dat mannen werken omdat ze ervan overtuigd zijn dat zo'n activiteit interessant is, maar hij vindt dit dom, omdat hij zelf nooit heeft hoeven werken voor de kost. Ze komen aan bij het hotel. Het raam van de kamer is kapot en Chloé vat een kou.

DE ZIEKTE

Ondertussen wonen Isis, Alise en Chick een lezing van Jean-Sol Partre bij. Alise informeert hen dat Chloé ziek is en dat het pasgetrouwde stel eerder terugkeert dan gepland. De spreker arriveert op een olifant en zijn bewakers banen zich met bijlen een weg door de menigte: het publiek wordt afgeslacht. Het dak van de zaal stort in voor een lachende Partre.

Bij hun terugkeer van hun huwelijksreis ontdekken Colin en Chloé dat het appartement minder helder is dan voorheen. De jongeman begint zich zorgen te maken wanneer hij zich realiseert dat zijn fortuin al aanzienlijk is afgenomen. Toch zijn de zes vrienden blij elkaar te ontmoeten en de middag samen door te brengen: de vrouwen gaan winkelen, voordat ze zich bij de mannen voegen op de schaatsbaan. Maar daar aangekomen krijgt Colin een telefoontje: Chloé is flauwgevallen. Hij snelt naar huis en vindt haar rustig liggend in hun bed.

Hij besluit een dokter te bellen, maar wanneer deze arriveert, gooit Nicolas, die hem stom vindt, hem eruit. Hij raadt Colin aan Dr. Mangemanche te raadplegen, die bij aankomst een abnormaal geluid in de rechterlong van de jonge vrouw constateert. Maar omdat hij liever geen diagnose stelt, nodigt hij Chloé uit voor een volledig onderzoek in zijn kantoor. Om Colin te troosten laat hij hem een foto van zijn vrouw zien: Colin lacht, net als iedereen die de foto heeft gezien, blijkbaar.

Een paar dagen later zijn Colin en Chloé thuis. Chloé stemt ermee in zich te laten behandelen op voorwaarde dat ze de liefde bedrijven, waarna ze naar Dr. Mangemanche gaan voor onderzoek. De diagnose wordt gesteld: Chloé heeft een waterlelie haar rechterlong. Ze moet bloemen inademen en mag niet meer dan één theelepel water per dag drinken.

Terwijl Colin en Chick naar de apotheek gaan om Chloé's medicijnen te kopen, bekent Chick aan zijn vriend dat hij bijna al het geld dat hij kreeg heeft uitgegeven aan de aankoop van de boeken van Jean-Sol Partre en dat hij niet genoeg geld over heeft om met Alise te trouwen.

Geleidelijk aan wordt het appartement steeds donkerder: de kamers zijn gekrompen en Nicolas lijkt ouder te zijn geworden. Chloé krijgt bezoek van Alise, die met haar vriendin praat over de passie van Chick voor Jean-Sol Partre: zij houdt van Chick, maar hij lijkt de voorkeur te geven aan zijn boeken. Colin, die weg is, zoekt werk om in de behoeften van Chloé te voorzien: ze moet voortdurend omringd worden door bloemen en haar behandeling blijven volgen, die uiterst pijnlijk is, terwijl het geld van de jonge lijfrentmeester opraakt. Bovendien is de oom die Colin geld gaf dood, en hij is nog steeds op zoek naar werk. Na de zoveelste weigering verkoopt hij de 'pianocktail'. Het appartement is meer aangetast, en de muis die in de gang woont wordt steeds kouder. Colin vraagt Nicolas elders te gaan werken: hij kan hem niet meer betalen.

De gedachten van Alise bevestigend, stopt Chick in een boekhandel op weg naar Colin's huis, waar hij, overmand door zijn Partre-obsessie, het niet kan laten een broek en een pijp te kopen die zogenaamd van de auteur waren. Ondertussen vertrekt Chloé naar de berg, om verzorgd te worden en een operatie te ondergaan. Maar bij haar terugkeer begrijpt ze dat ze, ondanks het verwijderen van de waterlelie, ook haar rechterlong heeft verloren. Zoals Dr. Mangemanche haar vertelt, zou het erg zijn als ook haar linkerlong geïnfecteerd zou raken.

Het appartement van het pasgetrouwde stel gaat steeds verder achteruit. Isis bezoekt Chloé, wiens andere long nu door de ziekte is aangetast. Ondertussen Colin eindelijk werk: hij laat geweerlopen groeien met zijn lichaamswarmte door erop te gaan liggen. Maar er beginnen bloemen te groeien en hij wordt ontslagen. Hij vindt echter een andere baan: hij is de bewaker van het goudreservaat, verantwoordelijk voor de bewaking van het gebied en schreeuwt elke keer als hij een dief ziet.

DE DOOD VAN CHICK EN ALISE

In de fabriek waar Chick werkt, breekt een machine, waarbij vier arbeiders om het leven komen: tegen de tijd dat Chick naar zijn superieuren is gegaan, zijn de prestaties van zijn werkgroep te veel gedaald. Hij wordt ontslagen en geeft zijn laatste loon uit aan platen van Partre.

Wanneer Alise bij Colin en Chloé aankomt, is ze radeloos. Chick heeft haar verlaten: zijn liefde voor de boeken was sterker en zijn obsessie Partre nam zijn geest over. Chick heeft zich opgesloten in zijn huis, omringd door zijn boeken en relikwieën. Hij heeft zijn belastingen niet betaald en wanneer de Seneschal en zijn zes gewapende agenten arriveren om ze terug te halen, wordt Chick per ongeluk gedood.

Ondertussen gaat Alise naar Jean-Sol Partre om hem te vragen te stoppen met het uitgeven van boeken: als hij weigert, vermoordt ze hem ter plekke. Vervolgens bezoekt ze alle boekhandelaren bij wie Chick zijn boeken kocht, vermoordt ze en steekt hun boekwinkels in brand. Wanneer hij van de dood van Partre hoort, voelt Nicolas dat zijn nichtje erbij betrokken is en gaat ze naar haar op zoek. In de laatste van de verbrande boekwinkels vindt hij haar oogverblindende haar: hij beseft dat ze is overleden.

DE WATERLELIE

Isis en Nicolas komen Chloé opzoeken: Nicolas weet dat Chick en Alise dood zijn, en dat Chloé ook zal sterven. Colin komt thuis met bloemen. Hij is een aankondiger van slecht nieuws geworden: hij moet mensen waarschuwen voor het ongeluk dat hen de volgende dag zal overkomen. De functie wordt zeer goed betaald, maar hij wordt zeer slecht ontvangen door de mensen. Op een dag vindt hij op de lijst van aan kondigen ongelukken zijn eigen naam: Chloe gaat dood.

Bij de dood van de jonge vrouw gaat Colin naar de priester om de begrafenis te regelen – een ceremonie voor de armen: het wordt bijna verpest. Op de begrafenis wordt de kist uit het raam gegooid, de chauffeur van het konvooi zingt uit volle borst, de dragers zijn vuil en slecht gekleed en ze legen de kist in graf.

Als hij de waterlelie naar het wateroppervlak ziet stijgen, wil Colin hem doden: hij zal sterven. Ondertussen kijkt de muis naar hem en wil ook sterven: ze vraagt een kat om haar op te eten.

KARAKTERSTUDIE

COLIN

Dit is de hoofdpersoon in de roman, een rijke 22-jarige jongeman: het geld dat hij bezit betekent dat hij niet hoeft te werken. Hij huurt een nieuwe kok in: Nicolas. Hij wil niets liever dan verliefd worden. Op een feestje ontmoet hij Chloé.

Colins karakter wordt niet volledig onthuld. Hij is een jonge, snobistische man die houdt van een gemakkelijk leven en het luisteren naar jazzmuziek, en geen waardering heeft voor werk, hiërarchie, geweld of relationele moeilijkheden. Hij is vriendelijk en zeer vrijgevig (hij geeft een kwart van zijn fortuin aan zijn vriend Chick en geeft al zijn geld uit om Chloé te redden).

Geconfronteerd met de ziekte van zijn vrouw zal hij gedwongen zijn sommige van zijn principes te herzien (zo zal hij, nu zijn middelen opraken, moeten werken en afstand doen van zijn kok).

CHLOÉ

Ze is iets jonger dan de mannen. Als vriendin van Isis komt ze naar het feest dat zij organiseert voor de verjaardag van haar poedel: daar ontmoet ze Colin. Een fragiele en zeer zachte jonge vrouw, ze heeft geen specifieke activiteit.

CHICK

Hij is een goede vriend van Colin. Minder rijk dan hij, is Chick gedwongen te werken als ingenieur en leent regelmatig geld van zijn oom. Gefascineerd door Jean-Sol Partre ontwikkelt hij in de loop van het verhaal een obsessie voor de schrijver: Hij woont al zijn lezingen bij, koopt de nodige apparatuur om ze op te nemen en koopt al zijn boeken. Deze manie neemt geleidelijk aan zijn geest over, tot het punt waarop hij niet meer in staat is een relatie met Alise te hebben.

ALISE

Alise, de minnares van Chick, is ook jonger dan de mannen. Ze blijkt vastberaden en helder van geest. Ze wil zich inzetten om haar geliefde te helpen en uiteindelijk vermoordt ze Partre om Chick te redden van zijn obsessie.

NICOLAS

Aan het begin van het verhaal komt hij bij Colin werken als zijn kok. Gepassioneerd door zijn kunst volgt hij de recepten uit *The Royal Cookery Book* van Jules Gouffé (een beroemde Franse kok en bakker, 1807-1877) naar de letter en praat graag met Colin over zijn bereidingen. Met zijn 29 jaar lijkt hij volwassener dan de andere personages in het verhaal en is hij een soort autoriteitsfiguur in de groep.

JEAN-SOL PARTRE

Dit personage verwijst naar Jean-Paul Sartre (1905-1980), een Franse filosoof en schrijver en tijdgenoot van Boris Vian, die het existentialistische gedachtegoed ontwikkelde (*Being and Nothingness*, 1943): voor hem bestaat de menselijke natuur niet en is de wereld zinloos, wat betekent dat de mens volledig vrij is en zijn eigen weg moet uitvinden; hij is dus verantwoordelijk voor zijn eigen keuzes, zowel tegenover zichzelf als tegenover anderen. Naast zijn filosofische geschriften liet Sartre verschillende romans (bijv. *Nausea*, 1938) en toneelstukken (bijv. *No Exit*, 1944) na. Hij had een aanzienlijke invloed op de naoorlogse samenleving. Hier wordt hij voorgesteld als een bekend auteur (de zaal zit vol tijdens zijn lezing) en het voorwerp van Chick's obsessie, die al zijn boeken wil bezitten. De ideeën die hij voorstaat worden echter niet echt beschreven.

ANALYSE

EEN WERELD IN EEN TAAL

Het schuim der dagen had vooral invloed op de literatuur vanwege de surrealistische wereld die erin werd gecreëerd. Vian bouwde niet alleen een andere wereld dan de onze, hij ging zelfs verder. De wereld waarin Colin en zijn vrienden zich ontwikkelen, bevindt zich buiten de rationele wetten die de basis vormen van onze werkelijkheid:

- Hoe meer Chloé's ziekte zich ontwikkelt, hoe meer Colin's appartement krimpt en donkerder wordt;
- Colin kweekt geweerlopen door de hitte van zijn buik te gebruiken (Hoofdstuk 51);
- Er groeit een waterlelie in Chloé's long en om dit te overwinnen moet ze bloemen inademen (hoofdstuk 40);
- Gebroken ruiten genezen zichzelf, enz.

Al deze gebeurtenissen komen niet overeen met onze logica.

Deze wereld is gebaseerd op taal. Vian buit de letterlijke betekenis van uitdrukkingen uit (de apotheker "voert" bijvoorbeeld een recept uit met behulp van een guillotine) en vindt woorden uit door bestaande woorden te transformeren ("antiquitaire", dat vertaald zou kunnen worden als "antiquair") of door neologismen te verzinnen om nieuwe uitvindingen te beschrijven (de piano die cocktails mixt, uitgevonden door Colin, heet "pianocktail"). Bij Vian smelten roman en poëzie samen.

EEN KRITIEK OP DE SOCIALE ORDE

Het verhaal wordt gekenmerkt door een duidelijke afwijzing van de sociale orde:

- Ontkenning van werk. Chick en Colin een maatschappij uit waarin arbeid een van de fundamenten is: ze willen niet werken. Dit thema is alomtegenwoordig: Chloé begint bijvoorbeeld te hoesten zodra zij en Colin de arbeiders passeren die langs de kant van de weg werken (hoofdstuk 25);
- Ontkenning van familiebanden. Vian vermeldt nooit de families van zijn personages. Er wordt niet gesproken over de ouders van Colin, maar toch wordt aangenomen dat zijn fortuin afkomstig is van zijn erfenis;
- Ondermijning van de Kerk. De huwelijksceremonie is zeer fantasievol en opzichtig, meer als een show of carnaval dan een plechtig moment, en de begrafenis is schokkend: de uitvoering ervan hangt af van de prijs die Colin bereid is te betalen, maar hij is arm;
- Ondermijning van het bestuur. “In een andere vitrine slachtte een grote man met een slagersschort kleine kinderen af. Het was een propaganda showcase voor Openbare Bijstand” (Hoofdstuk 13);
- Totale onverschilligheid. Op de schaatsbaan sterven twee keer mensen en beide keren wordt dit gepresenteerd als een banaliteit. Tijdens de huwelijksceremonie valt de dirigent van het platform en stort op de grond: Ook dit is een incident zonder speciale betekenis (“De dirigent, die te dicht bij de rand stond, was net in het luchtledige gevallen, en de plaatsvervangend dirigent nam de leiding over de groep”, 21).

EEN PARODIE OP HET EXISTENTIALISME

Jean-Sol Partre, een sterk personage in het verhaal, vertegenwoordigt Jean-Paul Sartre, een tijdgenoot van Boris Vian (de twee auteurs kenden elkaar daadwerkelijk) en een pionier van het existentialisme, zoals we al gezien hebben.

Vian presenteert hem als een groot auteur die lezingen geeft, maar hij beschrijft niet de inhoud van zijn teksten of de ideeën die hij voorstaat. De oppervlakkigheid van Chick wordt benadrukt: hij woont elke lezing van Partre bij, maar luistert niet echt naar wat hij zegt; hij koopt al zijn boeken, maar leest ze nooit. Zijn belangstelling voor Partre is slechts oppervlakkig. Zo hekelt Vian zijn tijdgenoten die uit puur snobisme geïnteresseerd zijn in het existentialisme.

PERSONAGES BESCHREVEN DOOR HUN ACTIES

Het heeft geen zin om in deze roman van Boris Vian te zoeken naar een psychologische analyse, want alle personages worden op een behavioristische manier behandeld: hun psychologie wordt onthuld door hun gebaren en handelingen. Daarom wordt dit aspect in het verhaal niet verder uitgewerkt. Bovendien hebben de personages geen verleden en worden hun families nooit genoemd; ze hebben allemaal (misschien met uitzondering van Nicolas) een zekere zuiverheid, een bijna puberale ziel;

Extra informatie: Behaviorisme

Behaviorisme is een stroming in de psychologie die in het begin van de twintigste eeuw in de Verenigde Staten opkwam. Het bestudeert de fundamentele invloed van omgevingsfactoren op het gedrag van individuen.

EEN ROMAN MET AUTOBIOGRAFISCHE TREKKEN

De aanwezigheid van talrijke toespelingen op de jazz (het belang van de song *Chloe* van Duke Ellington) en op het thema ziekte zijn allemaal kenmerken die rechtstreeks verwijzen naar het leven van Boris Vian: naast zijn literaire activiteiten was hij jazzmuzikant en leed hij sinds zijn jeugd aan een hartziekte, die hier wordt omgezet in de poëtische vorm van een waterlelie.

VERDERE REFLECTIE

ENKELE VRAGEN OM OVER NA TE DENKEN...

- De roman bevat, ondanks zijn originaliteit en de maffe wereld die hij beschrijft, autobiografische trekjes. Welke zijn dat? Kunnen we dit daarom als een autobiografie beschouwen?
- Boris Vian was in zijn tijd ook een populaire muzikant. Markeer de toespelingen op muziek en probeer hun rol in de roman te verklaren.
- *Het schuim der dagen is* werk waarin humor aanwezig is. Hoe werkt het? Markeer de belangrijkste elementen die aan parodie en spot zijn onderworpen.
- Boris Vian maakte deel uit van de literaire vernieuwingsbeweging na de Tweede Wereldoorlog. Wat zijn de belangrijkste kenmerken van deze beweging die terug te vinden zijn in de roman?
- De in de roman beschreven wereld wordt voornamelijk met behulp van taal gecreëerd. Hoe gebruikt de auteur dit om een “wereld in een taal” tot stand te brengen?
- Vergelijk *Froth on the Daydream* met *Alice in Wonderland* van Lewis Carroll. Wat hebben de twee romans gemeen?
- Sommige critici zien Vian als een opvolger van de avant-garde bewegingen uit de naoorlogse periode (dadaïsme, surrealisme, enz.). Leg dit standpunt uit.

- Vergelijk *Froth on the Daydream* met *Vader Goriot* van Balzac. Waarin verschillen deze twee romans? Vergelijk hoe de thema's en het universum in beide werken worden benaderd. Hebben ze geen vergelijkbare elementen van « mise en abyme »?
- Hoewel humoristisch en absurd, is de roman toch een vernietigende kritiek op de maatschappij. Wat zijn de dominante sociale waarden die het verhaal aan de kaak wil stellen?
- Beschrijf de parodie van de roman op het existentialisme. Hoe kunnen we Chick's obsessie Partre interpreteren?

VERDER LEZEN

REFERENTIE-UITGAVE

Vian, B. (1963) *L'Écume des jours*. Parijs: Union Générale des Éditeurs.

REFERENTIESTUDIES

Gauthier, M. (1973) Het schuim der dagen. *Boris Vian. Een kritische analyse*. Parijs: Hatier.

We horen graag van jou! Laat een reactie achter op jouw online bibliotheek en deel je favoriete boeken op social media!

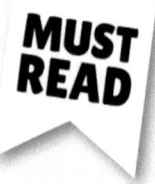

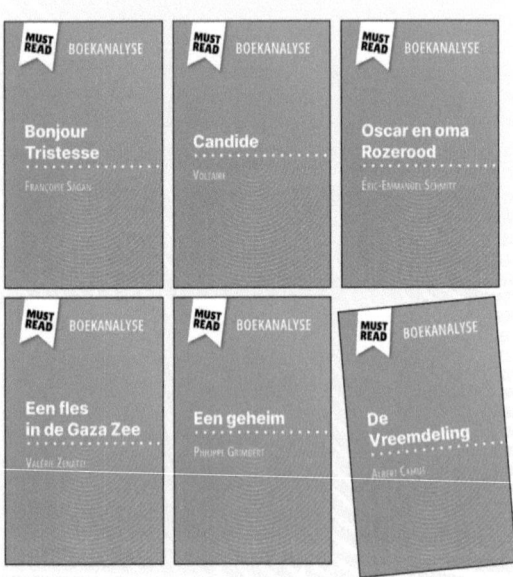

www.50minutes.com

Master ISBN: 9782808687935
Papier ISBN: 9782808699334
Wettelijk depot: D/2023/12603/1213

Omslag: © Primento

Digitaal ontwerp: Primento, de digitale partner van uitgevers.